Dicht und Dung

Für Herz, Leben und Freiheit.
Für Svenja, Joshi und Familie.
Für Freunde, Bekannte und Unbekannte.

Für Dich.

Dicht und Dung

Mathias Karl

Poesie zum Anfassen.

Bibliografische Information der Deutschen Nationalbibliothek: Die Deutsche Nationalbibliothek verzeichnet diese Publikation in der Deutschen Nationalbibliografie; detaillierte bibliografische Daten sind im Internet über dnb.dnb.de abrufbar.
Die automatisierte Analyse des Werkes, um daraus Informationen insbesondere über Muster, Trends und Korrelationen gemäß §44b UrhG (Text und Data Mining) zu gewinnen, ist untersagt.
2. Auflage 2025

ISBN: 978-3-7583-3990-5

Inhalt

Leitung

Wirkt weit des Lesens Macht.
Wirkt gleich des Schreibens Kraft.
Lass dich stets auf Fragen ein,
Antworten sprechen für sich allein.

Für die volle Erfahrung des Buches wird
mindestens ein Stift benötigt.
Dabei ist Raum für Manipulation und Ausdruck.
Es darf geschehen:

Die persönlichen Seiten:

Was ich fühle:

Was ich denke:

Was ich mir wünsche:

Was ich jetzt mache:

Freiraum

Sonnenschein

Oh Sonnenschein
Komm hier herein,
Bleibt auf die Tür,
Dich nie verliere,
Geh wie du magst,
Doch komm zurück,
Du bist ein Teil
Von meinem Glück.

Wo du nicht bist,
Verborgen bleiben,
Viele kleine Einzelheiten.

Doch bist du weg,
Dann denk ich dich.
Du bist nie weg,
Wenn dunkel ist.

Die persönlichen Seiten:

Was ich fühle:

Was ich denke:

Was ich mir wünsche:

Was ich jetzt mache:

Freiraum

Unendlichkeit

Ich laufe durch die Welt und dichte.
Ich laufe durch die Welt und sichte,
Die Scheinwerfer der Gegenlichte.
Wie gern ich dann davon berichte.
Die Welt ist Quelle wunderbar.

Die persönlichen Seiten:

Was ich fühle:

Was ich denke:

Was ich mir wünsche:

Was ich jetzt mache:

Freiraum

Freude

Wer nicht versteht, warum wir dichten,
Der nicht versteht sich auszurichten,
Wonach ihm zeigt was lange wert,
Die Freude welche Herzen nährt.

Die persönlichen Seiten:

Was ich fühle:

____

____

____

____

Was ich denke:

____

____

____

____

Was ich mir wünsche:

____

____

____

____

Was ich jetzt mache:

____

____

____

____

Freiraum

22

Niets

Scharf, karg und hart,
Du gehörst gewahrt.
Sonst bliebe doch verborgen,
Wie all die schönen Sorgen,
Klein und weich und nichtig sind.

Sonst wäre doch gelogen,
Was Liebe sich nennt,
doch Hass nicht kennt.

Sonst wäre die Mutter endlich,
Da unvollkommen, weltenfremdlich.
Schlichtweg menschlich.

Die persönlichen Seiten:

Was ich fühle:

Was ich denke:

Was ich mir wünsche:

Was ich jetzt mache:

Freiraum

Ein Zug

Ein Zug.
Er ist dicht,
Befüllt mit Träumen.

Ein Zug.
Er sieht Licht,
Am Ende des Tunnels.

Ein Zug.
Er reicht,
Das Ziel.

Die persönlichen Seiten:

Was ich fühle:

Was ich denke:

Was ich mir wünsche:

Was ich jetzt mache:

Freiraum

29

Erkenntlichkeit

Dein Gesicht deine Backen,
Dein Rücken, dein Nacken,
Einzigartig auf der Welt.

Deine Falten, dein Schopf,
Deine Ecken und Kanten,
Bestechend dezent.

Dein Ursprung, dein Segen,
Deine Höhlen, dein Leben,
Bewundernswert selbst.

Dich zu besteigen,
Bei dir zu verweilen,
Dich nur zu sehen,
Muss keiner verstehen.

Die persönlichen Seiten:

Was ich fühle:

Was ich denke:

Was ich mir wünsche:

Was ich jetzt mache:

Freiraum

34

Unverständnis

Warum arbeiten wir so viel,
Und produzieren so viel Müll?

Warum backt nicht das Dorf,
Dem Professor das Brot?

Warum teilen wir nicht was wir haben,
Sondern arbeiten um teillos zu haben?

Doch Wege haben einen Sinn,
Sonst wären sie nicht angelegt.

Die persönlichen Seiten:

Was ich fühle:

Was ich denke:

Was ich mir wünsche:

Was ich jetzt mache:

Freiraum

Berge

Er zeigt dir wer du bist,
Dein wahres Gesicht.
Hart bleibt und steht,
Wo Leben geht,
Ihn zu erklimmen Ehrensache,
Eins zu werden mit dem Fels.

Klein ein Teil des Großen,
Wie Mensch hinab geworfen,
In die Welt des Seins und Werdens.
Mal hier mal da, manch stetig dort,
Oft ist er fort, doch nie allein,
Der kleine, aber starke Stein.

Geduldig, ruhig und unbeweglich,
Zu übertreffen unerstreblich,
Sie zeigt wo Kraft und Willen sind,
Wie Mutter dem Kind.
Bald oben, zu verstehen versuchen,
Gehör zu suchen, willentlich erkenntlich
Zeigend, dass sie so auf immer bleiben.
Wie die Hirten einer Herde,
Die Berge

Die persönlichen Seiten:

Was ich fühle:

Was ich denke:

Was ich mir wünsche:

Was ich jetzt mache:

Freiraum

41

Poesie

Der Poesie verschrieb ich mich,
Um dir zu zeigen,
Liebe dich.

Wie von magisch Hand,
Gebracht um den Verstand,
Geführt von meinen Trieben,
Will ich dich immer Lieben.

Die persönlichen Seiten:

Was ich fühle:

Was ich denke:

Was ich mir wünsche:

Was ich jetzt mache:

Freiraum

Erfahrung

Gefahren,
Überfahren,
Angefahren.

Braucht es das Fahren?

Ergehung.
Erlaufung.
Errennung.

Nicht das Gleiche.
Ohne Fahrung,

Drum also.

Die persönlichen Seiten:

Was ich fühle:

Was ich denke:

Was ich mir wünsche:

Was ich jetzt mache:

Freiraum

Muse

Musen und ihre Tiefe,
Erkenntlich wirst,
Siehst wie es liefe,
Befreit von Sorgen dich gibst.

Von Ehre nicht genug gekürt,
Höchster Dank der ihr gebührt,
Das Schöne ist sie weiß zu schätzen,
Lebt ohne zu hetzen.

Lebt vor dir den Moment,
Voll Wohl und Freude,
Warm und völlig ungehemmt,
Sie schenkt dir deine Träume.

Voll Bewunderung erhellt,
Eröffnet sich die neue Welt,
Begehrt von ihr beglückt,
Den frischen Kopf entzückt.

Die persönlichen Seiten:

Was ich fühle:

Was ich denke:

Was ich mir wünsche:

Was ich jetzt mache:

Freiraum

53

Schönheit

Das Schönste was zu sehen ist,
Entzückt bereits im Augenschein.
Nichts ist so rein,
Nichts löst so viel,
Im Gleichen,
Dunkel oder Licht.

Beflügelt, entsorgt, voll Hoffnung,
Geläutert, beseelt voll Achtung.

Die persönlichen Seiten:

Was ich fühle:

Was ich denke:

Was ich mir wünsche:

Was ich jetzt mache:

Freiraum

57

Freigeist

Freigeister wie wir gemacht,
Die Sonne in den Arsche lacht,
Was ham wir uns dabei gedacht,
Die ganze Zeit mit Nichts verbracht,
Gemacht, gedacht und viel gelacht,
Gepisst, gekackt ob Tag ob Nacht,
Gecheckt, dass geil ist nackt,
Einfach freiheitlich gemacht.

Die persönlichen Seiten:

Was ich fühle:

Was ich denke:

Was ich mir wünsche:

Was ich jetzt mache:

Freiraum

Stimmung

Den Kopf nicht hängen lassen,
Den Schalk am Nacken fassen,
Schritt für Schritt nach vorne schreiten,
Und paar gute Vibes verbreiten.

Die persönlichen Seiten:

Was ich fühle:

Was ich denke:

Was ich mir wünsche:

Was ich jetzt mache:

Freiraum

65

Zeit

Zeit läuft, Akzeptanz,
Bleibt nicht stehen nein,
Die Blüten freuen, ganz
Vergessen, im Grünen,
Der Welt toller Gestalt.

Rauscht mal vorbei,
Ihr süßen Nichte, bald
Schreibt sich die Geschichte.
Nur lebend, es regnet,
Dem weiten Sternenwald.

Hört ihr das Feuer,
Rauschen der Sinne,
Hört ihr das Trommeln,
Der Schritte, der Stimmen.
Kraft, die wirkt zuletzt.

Das System in dem wir leben,
Erwartet schon das Beben.
Das Volk wird sich erheben.
Wir werden es erleben.
Der Dung der Zeit erhebe sich.

Weltbürgerkrieg nun ausgerufen,
Nie Waffen, Gewalt nie Gräueltaten.
Vereint wie nicht zuvor,
Vernetzt und ungeschwächt,
Erhebt sich eine neue Form.

Gelerntes neu,
Von vorne kommt.
Die Vergangenheit.
Als Kind der Ewigkeit.
Zeit, zeitlos, stetig frei.

Die persönlichen Seiten:

Was ich fühle:

Was ich denke:

Was ich mir wünsche:

Was ich jetzt mache:

Freiraum

Kraft

Die treibende Kraft,
Der Puls der Erde,
Der Antrieb unsrer Herde.

Es passiert einfach.
Es Passiert.

Die persönlichen Seiten:

Was ich fühle:

Was ich denke:

Was ich mir wünsche:

Was ich jetzt mache:

Freiraum

Mathias Karl

Mathias Karl ist Mensch.
Er lebt als Freiberufler, Fotograf, Musiker,
Unternehmer und Künstler.

Neue Herausforderungen, Abwechslung,
Abenteuer und Familie schenken ihm Inspiration
und Kraft. Er sammelt Momente und Gedanken
und wandelt sie in seinen Werken zu Liebe,
Freude und Zufriedenheit.

Weitere Informationen gibt es auf
www.mathiaskarl.de